BEI GRIN MACHT SICH IHR WISSEN BEZAHLT

- Wir veröffentlichen Ihre Hausarbeit,
  Bachelor- und Masterarbeit

- Ihr eigenes eBook und Buch -
  weltweit in allen wichtigen Shops

- Verdienen Sie an jedem Verkauf

Jetzt bei www.GRIN.com hochladen und kostenlos publizieren

Andreas Hargens

Aus der Reihe: e-fellows.net schüler-wissen

e-fellows.net (Hrsg.)

Band 19

Einkommensteuer in Deutschland

GRIN Verlag

Bibliografische Information der Deutschen Nationalbibliothek:

Die Deutsche Bibliothek verzeichnet diese Publikation in der Deutschen National-bibliografie; detaillierte bibliografische Daten sind im Internet über http://dnb.d-nb.de/ abrufbar.

Impressum:

Copyright © 2013 GRIN Verlag GmbH
Druck und Bindung: Books on Demand GmbH, Norderstedt Germany
ISBN: 978-3-656-54297-1

Dieses Buch bei GRIN:

http://www.grin.com/de/e-book/264855/einkommensteuer-in-deutschland

Inhalt

I. Allgemeines

Wir befassen uns in unserer Ausarbeitung mit den Einkommensteuern, da sie mit 215 Milliarden Euro – entspricht einem Anteil von 38,9% des Gesamtsteueraufkommens – eine elementare Bedeutung für den deutschen Sozialstaat hat.[1]

Die Einkommensteuer ist eine Steuer, die auf das Einkommen natürlicher Personen erhoben wird. Zu der Einkommensteuer werden folgende Formen gezählt: Die Lohnsteuer, die Kapitalertragssteuer (als Unterform die Abgeltungssteuer), die Bauabzugsteuer und die Aufsichtsratsteuer. Im Unterschied zur Umsatzsteuer – die Steuern werden vom Konsumenten getragen, aber vom Unternehmen bezahlt – ist die Einkommensteuer eine direkte Steuer, weil die Steuer sowohl vom Steuerzahler getragen als auch bezahlt wird. Deswegen bezeichnet man diese teilweise auch als „Quellensteuern".[2]

Das Aufkommen steht dem Bund, den Ländern und den Gemeinden zu, da es eine Gemeinschaftssteuer ist [3]

II. Geschichte

Die heutige Fassung der Einkommensteuer beruht auf mehreren Vorläufern, welche sich zurück bis in das Mittelalter erstrecken. Als ersten Vorläufer gilt die decimae personales (kirchliche Personalzehnte), die erste Ansätze zur Personalbesteuerung darstellte. Ein weiterer Vorfahre ist der preußische Kopfschoß, der im 17. Jahrhundert eingeführt wurde.

Daraufhin folgte im frühen 19. Jahrhundert eine ursprünglich als Kriegsabgabe gedachte Einkommensteuer; die erste des modernen Typus. Des Weiteren reformierte sich eine Klassensteuer zum ähnlichen Zeitpunkt, welche 1891 durch eine Einheits-Einkommensteuer mit Erklärungspflicht und Progression ersetzt wurde.

Während der Zeit der Weimarer Republik entstand im Jahre 1920 aufgrund eines Gesetzes eine einheitliche Reichssteuer, die 1925 und 1934 erweitert wurde. Weiterhin wurde eine starke Anhebung des Steuertarifs beschlossen, die durch das Kontrollratsgesetz 1946 in Kraft trat. Jedoch wurde durch darauffolgende Währungsreformen und Steuergesetze die Anhebung wieder abgemildert, da diese Tarifsenkung und Steuervergünstigungen anstrebten.

---

[1]http://www.bundesfinanzministerium.de/Content/DE/Standardartikel/Themen/Steuern/Steuerschaetzungen_ und_Steuereinnahmen/2013-01-18-Steuereinnahmen-Kalenderjahr-2012.pdf?__blob=publicationFile&v=9
[2] http://www.wirtschaftslexikon24.com/d/quellensteuer/quellensteuer.htm
[3] GG Art. 106

III. Aktuelle Rechtslage

Rechtsgrundlage für die Einkommensteuer ist das Einkommensteuergesetz (EStG) vom 16. Oktober 1934 in der aktuellen Fassung vom 1. Januar 2012.

Der Einkommensteuer unterliegen alle natürlichen Personen mit ihrem gesamten in- und ausländischen Einkommen, wenn sie innerhalb Deutschlands ihren Wohnsitz oder ihren gewöhnlichen Aufenthaltsort haben. Natürliche Personen, die ihren gewöhnlichen Aufenthaltsort jedoch woanders haben, sind beschränkt einkommensteuerpflichtig mit ihren Einkünften, die sie in Deutschland erzielen.[4]

Juristische Personen hingegen unterliegen nicht der Einkommen-, sondern der Körperschaftsteuer.

III. 1 Charakteristika

Folgende Prinzipien prägen das Einkommensteuerrecht:

III. 1.1 Leistungsfähigkeitsprinzip

Das Leistungsfähigkeitsprinzip ist im Steuerrecht bedeutsam, denn es berücksichtigt die persönlichen Verhältnisse und spiegelt damit den allgemeinen Gleichheitssatz[5] wider. Im Gegensatz zu einer Kopfsteuer oder einer Äquivalenzbesteuerung, wird so jeder Bürger nach seiner individuellen wirtschaftlichen Leistungsfähigkeit besteuert.

Mit steigendem Einkommen ist eine stärkere Leistungsfähigkeit gegeben, die eine progressive Besteuerung des Einkommens legitimiert.[6]

---

[4] § 49 EStG
[5] vgl. Art. 3 Abs. 1, Art. 20 GG
[6] Heinrich Weber-Grellet, Steuern im modernen Verfassungsstaat: Funktionen, Prinzipien und Strukturen des Steuerstaats und des Steuerrechts, Otto Schmidt Verlag DE, 2001, S. 161

III. 1.2 Universalitätsprinzip

Unter dem Universalitätsprinzip bzw. Welteinkommensprinzip versteht man, dass die Einkommensteuer in dem Land zu entrichten ist, in dem der Steuerpflichtige seinen Wohnsitz hat. Dabei spielt es keine Rolle, ob die Einkünfte in diesem Staat oder einem anderen erzielt worden sind.[7]

Die meisten Staaten, die nach dem Universalitätsprinzip besteuern, haben mit anderen Staaten Doppelbesteuerungsabkommen abgeschlossen, damit Steuerpflichtige ihr Einkommen nicht in zwei Staaten doppelt versteuern müssen.[8]

III. 1.3 Nettoprinzip

Das Nettoprinzip wird differenziert in *objektives* sowie *subjektives* Nettoprinzip.

Das *objektive* Nettoprinzip besagt, dass Steuerpflichtige Aufwendungen von der Steuer absetzen, also abziehen, dürfen, wenn sie dazu aufgewendet werden, um Einnahmen zu erzielen. Demnach können bspw. die Kosten für Fachliteratur, Bürobedarf oder Fahrten zur Arbeitsstelle (vgl. Pendlerpauschale) als Werbungskosten von der Einkommensteuer abgesetzt werden. Begründet wird dies damit, dass nur das übrigbleibende Nettoeinkommen dem Steuerzahler zur Erfüllung individueller Wünsche zur Verfügung steht.[9]

Daneben steht das *subjektive* Nettoprinzip: Die steuerliche Leistungsfähigkeit bemisst sich nach seinem frei verfügbaren Einkommen. Da das Einkommen, welches der Steuerpflichtige zur Sicherung seiner Existenz benötigt, nicht frei verfügbar ist, gilt für alle Steuerpflichtigen ein steuerfreier Grundfreibetrag.[10]

III. 1.4 Prinzip der gestaffelten Steuersätze / Steuerprogression

Aus dem Leistungsfähigkeitsprinzip ergibt sich das Prinzip der gestaffelten Steuersätze bzw. die Steuerprogression. Dieses Prinzip wird leicht verständlich, wenn man es von anderen Besteuerungsmodellen abgrenzt:

Bei der „Flat Tax" zahlt jeder Steuerpflichtige unabhängig von seinem Einkommen einen konstanten Steuersatz. Bei einem Steuersatz von 10% müsste demnach jemand, der 100 000€ verdient, 10 000€ zahlen, während jemand, der 20 000€ Euro verdient, müsste 2 000€ zahlen.

---

[7] §1 Abs. 1 EStG

[8] http://www.bundesfinanzministerium.de/Content/DE/Downloads/BMF_Schreiben/Internationales_Steuerrecht/Allgemeine_Informationen/016_a.pdf?__blob=publicationFile&v=3

[9] Roger Görke: Einkommensteuer und objektives Nettoprinzip, DStR, in: DStR, Heft 34, 2009, Beihefter, S. 108

[10] Heinrich Weber-Grellet, Steuern im modernen Verfassungsstaat: Funktionen, Prinzipien und Strukturen des Steuerstaats und des Steuerrechts, Otto Schmidt Verlag DE, 2001, S. 176

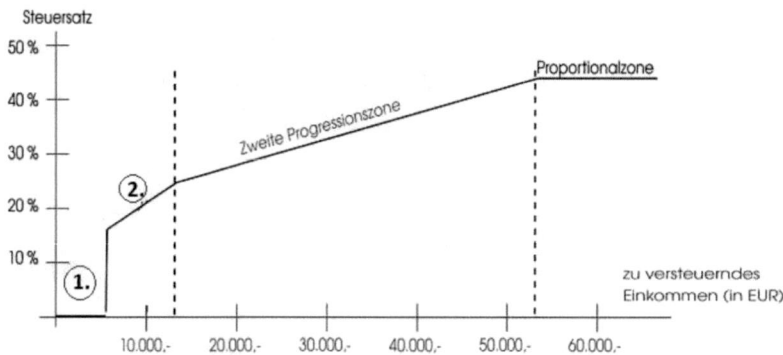

Abbildung 1: Steuerprogression in Deutschland (2013) [13]

Die Auswirkungen dieser Steuerprogression kann man gut in der Abbildung 2 erkennen: Die reale fiskalische Belastung des Einkommens wird als durchschnittlicher bzw. effektiver Steuersatz bezeichnet. Das Bruttoeinkommen wird aufgrund der Steuerprogression durchschnittlich stärker belastet, sobald es größer wird.

Demnach führte das reichste Zehntel, also das 10. Dezil, der Einkommensteuerpflichtigen 2007 im Durchschnitt 23,8 Prozent ihres Bruttoeinkommens an den Staat ab. Damit trugen sie 51,8

---

[11] http://www.bundesfinanzministerium.de/Content/DE/Standardartikel/Service/Einfach_erklaert/2011-12-08-einfach-erklaert-einkommensteuertarif-und-kalte-progression-flash-infografik.html aufgerufen am 27.02.2013
[12] § 32a Abs. 1 EStG
[13] http://www.bawiba.de/Geldanlage/Grenz-%20und%20Durchschnittssteuersatz.pdf

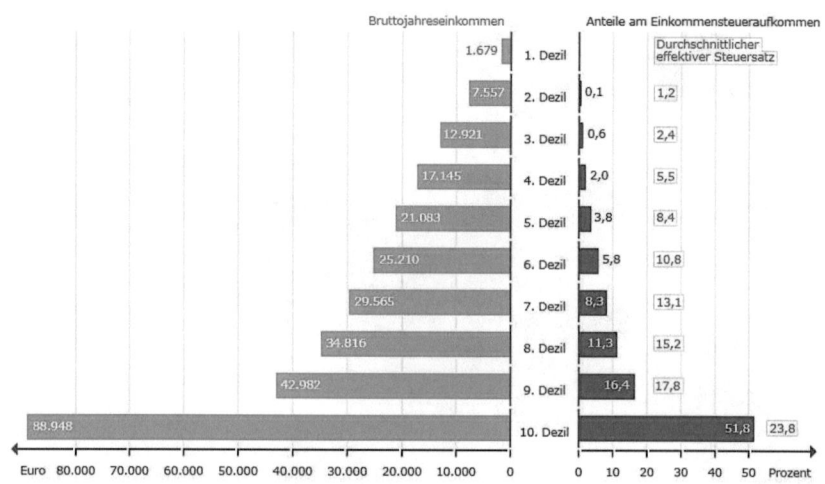

Abbildung 2: Einkommen und Anteile am Einkommensteueraufkommen nach Dezilen (2007)[15]

III. 1.5 Periodizitätsprinzip

Unter dem Periodizitätsprinzip versteht man, dass die zu zahlende Steuer abhängig von dem erwirtschafteten Einkommen innerhalb einer Periode (Kalenderjahr[16]) ist.

---

[14] „Der 3. Armuts- und Reichtumsbericht der Bundesregierung" zu finden unter:
http://www.bmas.de/SharedDocs/Downloads/DE/PDF-Publikationen-DinA4/forschungsprojekt-a333-dritter-armuts-und-reichtumsbericht.pdf?__blob=publicationFile
[15]http://www.bpb.de/nachschlagen/zahlen-und-fakten/soziale-situation-in-deutschland/61772/einkommen-steueranteile
[16] Vgl. §2 Abs. 7 EStG

III. 2 Einkunftsarten

Steuerpflichtig sind die Einkünfte, die im § 2 Abs. 1 EStG aufgeführt sind:

I. Einkünfte aus Land- und Forstwirtschaft (§§ 13–14a EStG)

II. Einkünfte aus Gewerbebetrieb (§§ 15–17 EStG)

III. Einkünfte aus selbständiger Arbeit (§ 18 EStG)

IV. Einkünfte aus nichtselbständiger Arbeit (§§ 19–19a EStG)

V. Einkünfte aus Kapitalvermögen (§ 20 EStG)

VI. Einkünfte aus Vermietung und Verpachtung (§ 21 EStG)

VII. Sonstige Einkünfte (§§ 22–23 EStG)

    o Bspw. Ertragsanteil einer Rente

Nicht aufgezählte Einkunftsarten, wie z.B. Glücksspielgewinne, sind grundsätzlich von der Einkommensteuer befreit. [17,18]

IV. Ermittlung der individuellen Steuerlast

---

[17] http://www.e-conomic.de/buchhaltungsprogramm/lexikon/einkommensteuer

[18] Duden Recht A-Z. Fachlexikon für Studium, Ausbildung und Beruf. 1. Aufl. Mannheim: Bibliographisches Institut & F.A. Brockhaus 2007

[19] Duden Wirtschaft von A bis Z: Grundlagenwissen für Schule und Studium, Beruf und Alltag. 4. Aufl. Mannheim: Bibliographisches Institut 2009

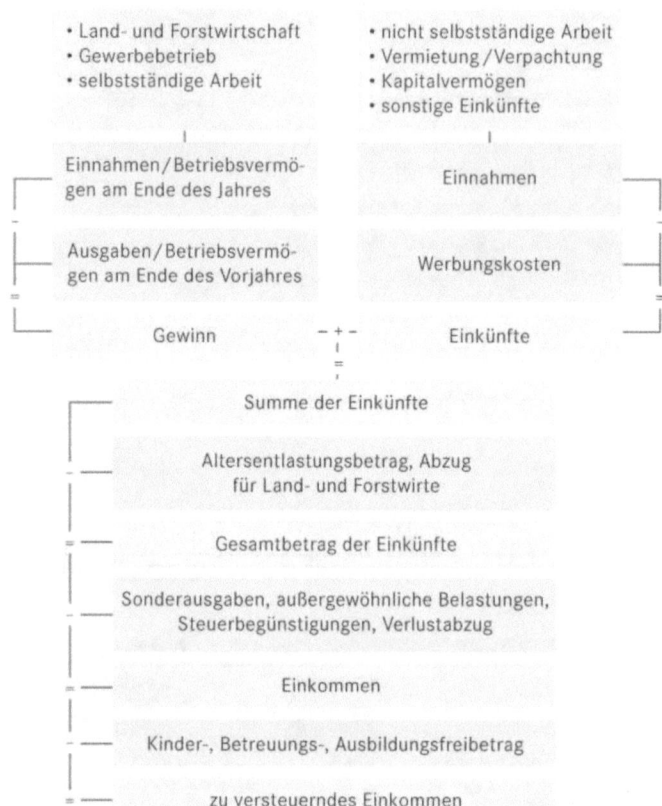

- Land- und Forstwirtschaft
- Gewerbebetrieb
- selbstständige Arbeit

- nicht selbstständige Arbeit
- Vermietung / Verpachtung
- Kapitalvermögen
- sonstige Einkünfte

Einnahmen / Betriebsvermögen am Ende des Jahres

Einnahmen

Ausgaben / Betriebsvermögen am Ende des Vorjahres

Werbungskosten

Gewinn – + – Einkünfte

Summe der Einkünfte

Altersentlastungsbetrag, Abzug für Land- und Forstwirte

Gesamtbetrag der Einkünfte

Sonderausgaben, außergewöhnliche Belastungen, Steuerbegünstigungen, Verlustabzug

Einkommen

Kinder-, Betreuungs-, Ausbildungsfreibetrag

zu versteuerndes Einkommen

Abbildung 3: Berechnung des zu versteuernden Einkommens

IV. 1 Solidaritätszuschlag & Kirchensteuer

In einem festen prozentualen Verhältnis zur Einkommensteuer werden der Solidaritätszuschlag und ggf. die Kirchensteuer erhoben.

Muss ein Steuerpflichtiger 10 000€ Einkommensteuer zahlen, muss er zusätzlich 5,5% davon – also 550€ – als Solidaritätszuschlag entrichten.[20]

IV. 2 Lohnsteuerklassen

Arbeitnehmerinnen und Arbeitnehmer werden grundsätzlich in Steuerklassen eingestuft. Denn daraus ergibt sich, wie viel Geld sie jeden Monat netto ausbezahlt bekommen. Die

---

[20] Ebenda

I	Alleinstehende, also ledige, getrennt lebende oder geschiedene Arbeitnehmerinnen und Arbeitnehmer; zumeist kinderlos.
II	Alleinstehende, die die Voraussetzungen für den Entlastungsbetrag für Alleinerziehende erfüllen. Freibetrag in Höhe von 1308 Euro pro Jahr ist hier schon eingerechnet.
III	Verheiratete Arbeitnehmerinnen und Arbeitnehmer können auf Antrag hier eingeordnet werden. Der jeweils andere Ehepartner wird dann, wenn er angestellt ist, der Steuerklasse V zugeordnet. Auch, wenn der Ehepartner keine Entlohnung bekommt, kann der arbeitende Ehegatte die Steuerklasse III beantragen.
IV	Verheiratete Arbeitnehmerinnen und Arbeitnehmer, wenn beide Ehegatten Arbeitslohn beziehen, im Inland wohnen und nicht dauernd getrennt leben. Dies ist das Standardmodell für Verheiratete, da ein Paar, wenn es heiratet automatisch in die Steuerklasse IV eingeordnet wird.
V	Partner des Ehegatten, der selbst in die Steuerklasse III eingeordnet ist.
VI	Personen mit zwei Arbeitsstellen oder Personen, die bei ihrem neuen Arbeitgeber die Lohnsteuerkarte noch nicht eingereicht haben.

Ehepartner können sich zwischen den Kombinationen IV/IV oder III/V entscheiden. Wenn Ehepaare sich für die Kombination III/V entscheiden, bleiben demjenigen, der in der Steuerklasse III eingeordnet ist, netto mehr Gehalt, da der Grundfreibetrag für Verheiratete hier bereits berücksichtigt wird. Der Ehepartner in Steuerklasse V muss relativ große Abzüge in Kauf zu nehmen, da es hier gar keinen Grundfreibetrag gibt.[21]

Letztendlich entscheidet jedoch die jährliche Steuererklärung, wie groß die individuelle Steuerlast ist. Völlig egal ist die Entscheidung für die eine oder andere Kombination nicht; sie beeinflusst die Höhe bestimmter Lohnersatzleistungen wie Arbeitslosengeld, Unterhalt, Krankengeld oder Elterngeld, da diese Zahlungen vom zuletzt erhaltenen Nettoarbeitslohn abhängen.[22]

[21] http://www.bpb.de/izpb/142080/unser-steuersystem aufgerufen am 11.02.13
[22] http://www.focus.de/finanzen/steuern/steuerklassen/steuerklassenwahl/steuerklassen_aid_10669.html

V. Kritik

Kritik an dem Einkommensteuerrecht in Deutschland wird teilweise schon seit Jahren geübt. Wir gehen in unserer Ausarbeitung auf die drei folgenden Kritikpunkte ein:

V. 1 Intransparenz

Das deutsche Einkommensteuerrecht versucht durch viele Differenzierungen (unterschiedliche Freibeträge, zahlreiche Ausnahmen) möglichst sozialgerecht Geld einzunehmen und zu verteilen. Demnach demonstriert „allein die Existenz von sieben Einkunftsarten mit unterschiedlichen Feststellungsmethoden [...] und Freibeträgen [...] eine ‚Zerklüftung' des Einkommensbegriffs."[23]

Schon Albert Einstein war der Meinung: „Am schwersten auf der Welt zu verstehen ist die Einkommensteuer".[24]

So ist der Kern aller Steuerreformen eine Vereinfachung der Einkommensteuer durch Abschaffung von Sonderregelungen und Ausnahmen.

V. 2 Kalte Progression

Man spricht von der Kalten Progression, wenn es zu einem Anstieg der steuerlichen Belastung kommt, obwohl die Einkommenserhöhungen lediglich die Inflation ausgleichen und somit eigentlich gar keine Steigerung der Leistungsfähigkeit damit verbunden ist.

Deutlich wird dies an einem Beispiel: Die Inflation liegt in einem Jahr bei zwei Prozent. Ein Arbeitnehmer erhält im gleichen Jahr zwei Prozent mehr Lohn, womit sich an seiner realen ökonomischen Situation nichts geändert hat, da seine Kaufkraft im Vergleich zum Vorjahr gleich geblieben ist. Nominal ist sein Einkommen jedoch gestiegen, sodass wegen des progressiven Steuertarifs die durchschnittliche Steuerbelastung zugenommen hat.[25]

---

[23] http://wirtschaftslexikon.gabler.de/Definition/einkommensteuer.html aufgerufen am 16.02.2013
[24] http://www.uni-protokolle.de/Lexikon/Einkommensteuer.html#Kritik
[25] http://www.bundesfinanzministerium.de/Content/DE/Glossareintraege/K/011_Kalte_Progression.html

V. 3 Ehegattensplitting

Für das Ehegattensplitting sprechen diese Punkte:

> Das Ehepaar ist eine Gemeinschaft, deren Leistungsfähigkeit als Einheit bewertet werden sollte. Somit wäre das Splitting für Paare mit großem internen Einkommensunterschied ein Nachteilsausgleich. Sie müssten ohne Splitting wesentlich mehr Steuern bezahlen als ein intern gleich verdienendes Paar.

> Zudem wird mit dem Splittingprinzip auch die eheliche Solidaritätspflicht berücksichtigt, wonach der gutverdienende Ehepartner für die Versorgung des anderen aufzukommen hat. Würde das Splitting abgeschafft und das Individualitätsprinzip eingeführt werden, müsste konsequenterweise auch diese Pflicht abgeschafft werden, wodurch für finanziell schwächere Ehepartner das Beziehen von Sozialleistungen möglich wird.

Allerdings sprechen folgende Punkte gegen das Splitting:

> Das Splitting fördert die Einverdiener-Ehe und somit die „traditionelle Ehe", da gleichverdienende Ehepartner keinen Vorteil vom Splitting haben.

> Auch Geringverdiener profitieren so gut wie gar nicht, denn der Steuersatz mit dem ihr Einkommen besteuert wird, ist so niedrig, dass die steuerliche Entlastung – absolut betrachtet – nur wenige Euro entspricht (vgl. Abbildung 2).

> Unverheiratete Paare mit Kindern werden von den Steuervorteilen komplett ausgeschlossen.

> Homosexuelle Lebenspartnerschaften werden benachteiligt, da das Ehegattensplitting hier nicht gilt. Nach unserer Auffassung ist dies jedoch nicht verfassungskonform. Wir erwarten, dass das Bundesverfassungsgericht in diesem Sommer eine steuerliche Gleichstellung der gleichgeschlechtlichen Lebenspartnerschaft fordern wird, wenn die Legislative dies bis dato nicht beschlossen haben sollte.

Als Alternative zum Ehegattensplitting böte sich die Einführung des Familiensplittings an, bei der das Gesamteinkommen einer Familie auf alle Familienmitglieder aufgeteilt werde würde. Man könnte das Ehegattensplitting aber auch komplett abschaffen und geringverdienende Familien durch ein höheres Kindergeld unterstützen.